詩 生 活

詩生活是台灣唯一以「現代詩」做為主題的獨立書店，

也是期間限定10年的書店，終點線為2027年。

夢遊答案書

專屬給追尋愛與夢想的你

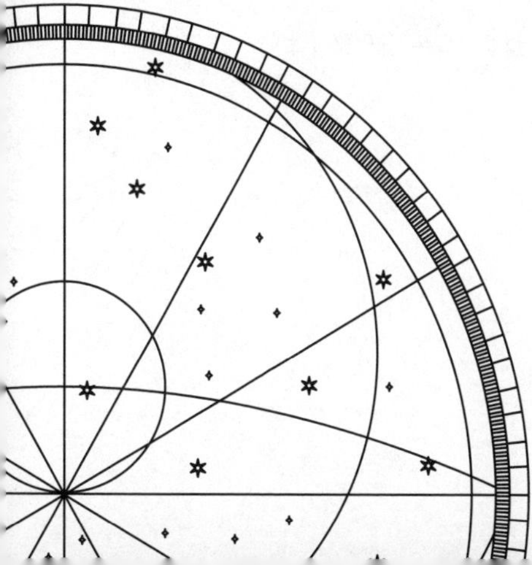

詩生活
Poetry In Life

適用範圍

→當你在交通工具或頂樓加蓋思考人生意義時

→當你在各個場所發生個人選擇困難症時

→當你在房間躺在床上偷偷一人哭泣時

→當你討厭你自己時，覺得自己長得很醜時
（明明就不醜）

→當你在發呆／冥想時（樣子很可愛呢）

→當你身處你並不享受的熱鬧聚會時

→當你照著鏡子，覺得自己不值得被愛時

→當你想要登出這個世界時（千萬不要）

夢遊說明書

1. 擁有一本專屬於你的《夢遊答案書》，培養它與你的詩意緣份。

2. 把書放在你感覺舒服的身體部位上。

3. 內心花10～15秒專注你正在煩惱的問題上，或直接把它當作詩歌機器人純聊。

4. 當你的靈感降臨，請隨心打開《夢遊答案書》，那一頁就是詩生活給你的愛。

5. 請記得三不五時使用《夢遊答案書》，這樣你的夢想就會很快實現。

能盡情快樂，能盡情悲傷，

正負能量都有意義。

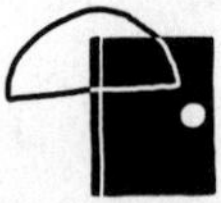

眼 淚 是 星 光 ，

爲 黑 夜 點 起 溫 柔 燈 火 。

人生沒有標準答案，

人生甚至沒有答案，

一切事情皆隨心態改變。

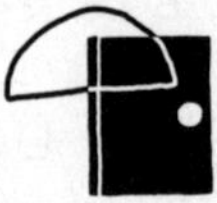

你的呼吸甜蜜得像空氣擁抱我。

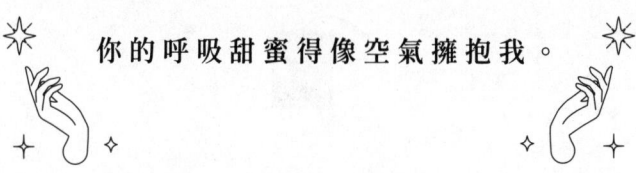

休 息 是 默 默 耕 種 自 己 的 心 ，

等 待 花 開 。

壞日子像惡夢嗎？

但你要相信，

精神病房也會迎來陽光。

不需要什麼事都親力親爲，

也可以試試袖手旁觀。

我累了，我痛了，但我不想放棄，

我想要慢慢地好起來。

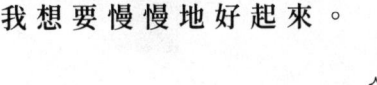

愛錯一個人沒有關係，

但不要重複愛錯同一個人。

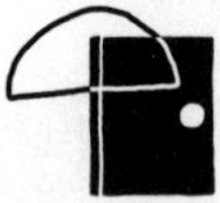

你的夢想與別人的反對無關。

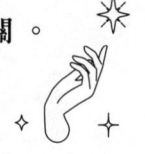

送給你——被討厭的勇氣。

去超商隨意購買一包飲料，

賞味期限那天，

你的悲傷就會結束。

找個能讓你幸福的人一起，

所以你要找到躲起來的自己。

要記得你很珍貴，

不是所有人都配得上你的夢。

願你人間清醒，夢中浪漫。

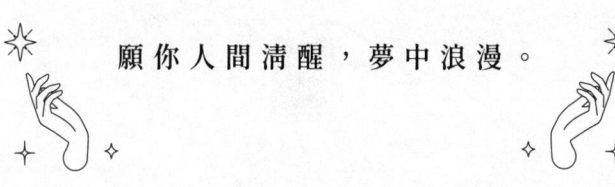

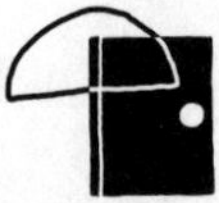

歡迎來到地球，祝旅途愉快。

你的責任是好好保護自己。

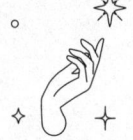

青春不是用來奮鬥的，

學習去玩吧！

靜靜陪伴就是最好的應援。

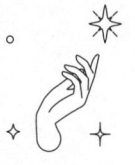

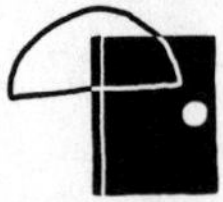

沒有人會永遠快樂，

也沒有人會永遠悲傷。

有些夢必須脫掉過去

才能看到未來。

珍惜現在，它不屬於過去，

也不存在未來。

善良就是你的美貌。

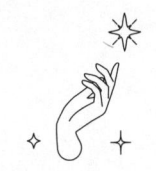

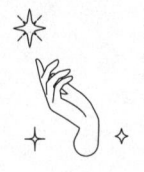

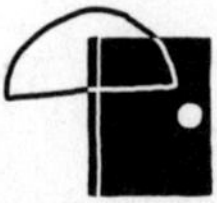

你所經歷過的困難與悲傷，

都是爲了調味你的人生。

請相信，夢醒之時，你會幸福。

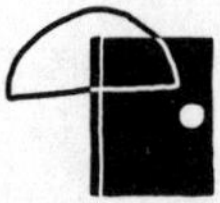

你現在需要的不是逞強，

而是面對自己的脆弱。

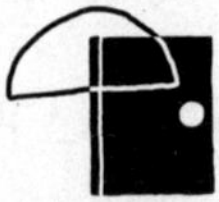

冷的時候，把夢握在手心；

再攤開時，你會聞到愛的香氣。

溫柔的人才是人生勝利組。

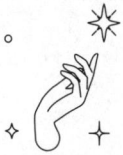

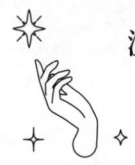

爲日常生活噴點香水，

那是平凡無奇裡的一點點奇。

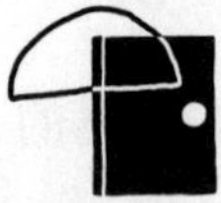

做個奇怪的人，

其實就是做個奇妙有趣的人。

謝謝你的孤獨擦亮天空，

讓其他人看見夜晚充滿星星。

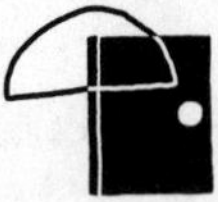

平凡並不可悲，

平凡的人才是被祝福的靈魂。

淚水藏著的影子，

是對這世界的深情回眸。

詩是我們的保護傘，是護身符，

是我們餵自己吃藥。

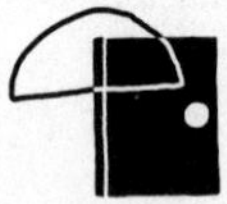

晚安晚安，

待你醒來一個無瑕的宇宙。

夏蟲搬運著空氣裡的溫暖，

光的所在，有乾淨的靈魂。

讓我做那個爲你撐傘的人。

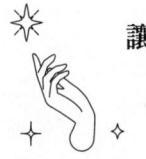

初春的花珍藏著憂傷，

遺傳著浪漫氣氛。

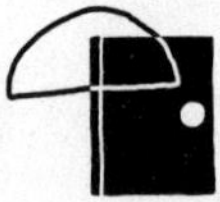

慢慢生活，

慢慢感受生命裡

正在悄悄發生的美好事情。

懂得怎樣去珍惜，

就能懂得如何愛。

你是春天裡的一小片聲音，

聆聽了我的夢。

你值得活著，我也值得，

每個人都值得。

所有緣份都是可遇不可求的禮物。

你的心是棉花糖，不是小石頭。

可以失望，不可以絕望。

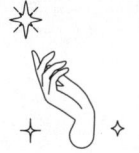

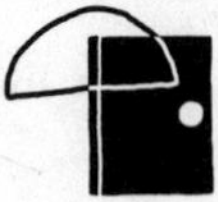

希望是透明的，

但只要相信，你就會看到。

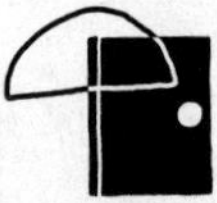

沒有煩惱是一杯冰淇淋

融化不了的。

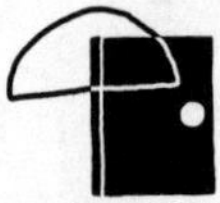

堅強和軟弱是同隻手掌，

它們都是你的好夥伴。

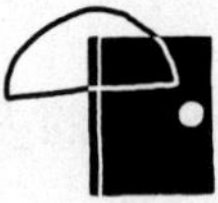

世界不完美，我們也不完美。

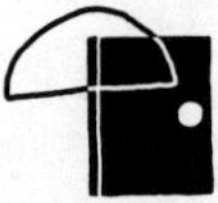

人生是張白紙，什麼都沒有，

直到你寫下自己的名字。

再成功下去，就不可愛囉！

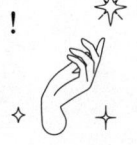

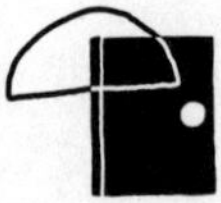

說走就走，不管天堂或地獄，

都要看看。

等你睡醒，

再勇敢面對世界也不晚。

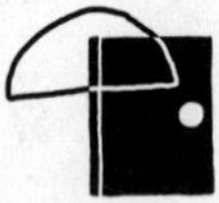

憂傷不滅，快樂不滅。

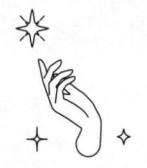

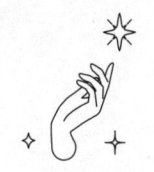

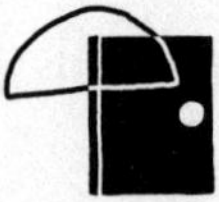

寧願最後徒勞無功，

也不選擇無動於衷。

愛過的人，都是恩人。

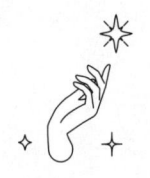

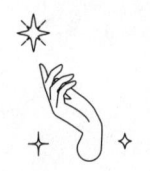

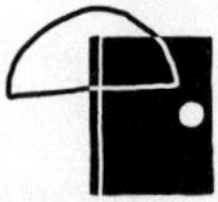

如果你有未完成的夢，

現在去完成它也不遲啊。

宇宙萬物，與憂愁的人同在。

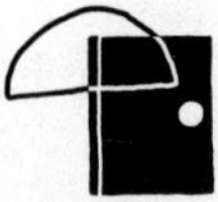

敢於擁有，敢於失去，就是帥。

做了錯誤的決定，不要後悔，

而是從中學習。

生而爲人，健康第一。

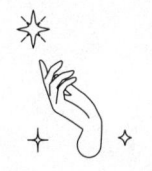

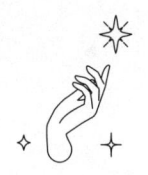

先聯繫你的內心，

再聯繫天地萬物。

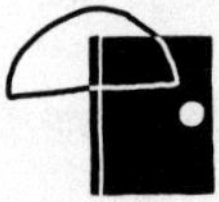

我 想 著 你 ， 內 心 富 足 豐 盛 。

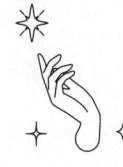

用心去看，而不是用眼睛；

用心去聽，而不是用耳朵。

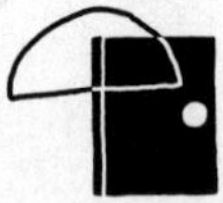

請把自己包裝好，

因爲你是禮物。

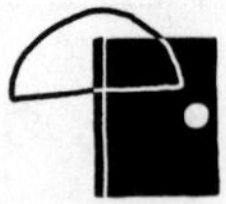

傷口留下痕跡，

痕跡留下故事，

故事留下成長。

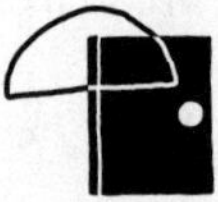

也許你現在保留的東西，

就是爲了未來仍然記得。

生活生活，

要先有「生」，才能去「活」。

哭泣之必要，

憂鬱之必要，

失敗之必要。

毀損後，就是新生。

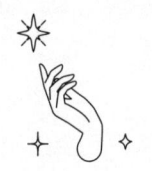

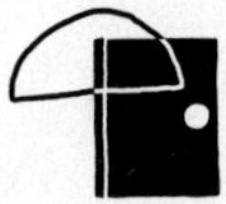

巧克力之必要，

草莓蛋糕之必要，

肉桂捲之必要。

有時候，要故意輸，

而不是執著贏。

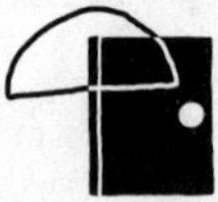

下 次 再 見 ， 一 定 再 見 。

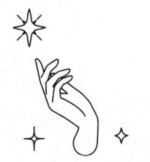

每個人都有難處，

只是不說出來而已。

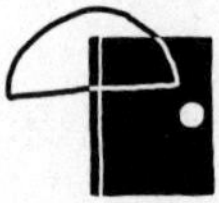

雨天有音樂的靈魂在跳芭蕾舞。

每天問自己一次：

「我是誰？我在哪？

我爲什麼活著？」

黑暗中，灰塵便是光。

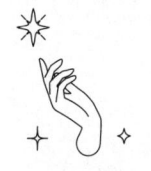

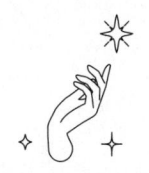

不勉強快樂，

不假裝悲傷，

一切誠實面對。

別太相信承諾，

有時候它只是別人在亂說話。

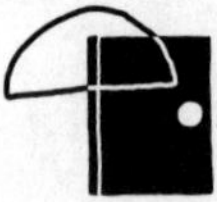

悲傷是一種浪漫。

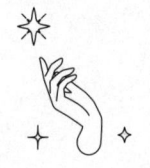

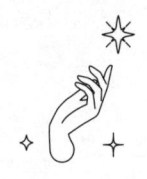

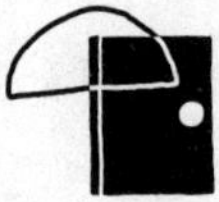

偶爾偷懶，偶爾逃跑，

偶爾為自己做個自私的人。

不想努力了，就不要努力。

夢想很遙遠，

但還是努力試著靠近它吧。

什麼是正常人？

地球上沒有人是正常的。

很抱歉，今天我活下來了。

哭完就繼續活下去，

要比那些壞人活得更好，

好千千萬萬倍。

智慧就是性感。

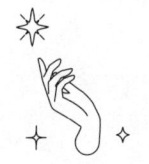

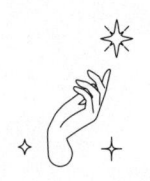

愛不能標價，

所以我沒辦法賣給你。

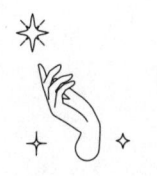

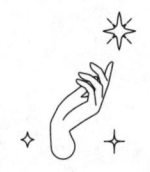

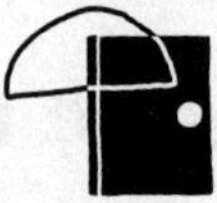

我希望你不要太懂事，

有時候要做個野孩子。

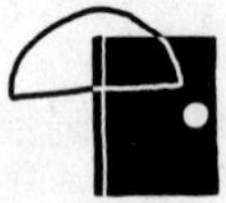

把今天撐過去了，你真的很棒。

真正的勇敢是，

就算受傷了也不後悔。

不要在我脆弱時，

逼迫我堅強。

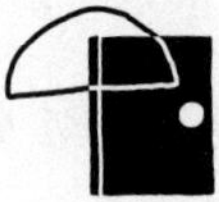

把身上的刺拔下來，

你又不是榴槤。

盲目工作是一種精神病。

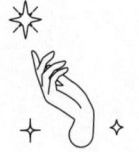

不用每件事都做好準備，

人生最美麗的事通常都是意料之外。

能令你畢生難忘，

就是我畢生榮幸。

「你會不會忘記我？」

「不會。」

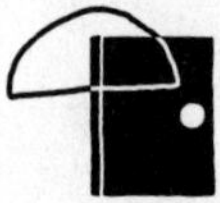

討好別人前，先討好自己。

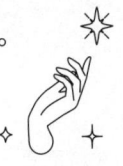

天生怪異，天生敏感，

天生與別不同。

神愛世人，但我只愛你。

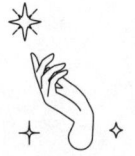

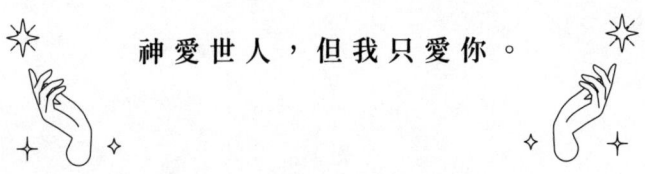

夢遊答案書

作　　者｜詩生活
策　　劃｜陸穎魚
美術設計｜陳怡廷（研寫樂有限公司）

出 版 者｜一人出版社
10491 臺北市南京東路一段二十五號十樓之四
電話：02-2537- 2497
網址：Alonepublishing.blogspot.com
信箱：Alonepublishing@gmail.com

總 經 銷｜聯合發行股份有限公司
電　　話｜(02)2917-8022
傳　　真｜(02)2915-6275

印　　刷｜沐春行銷創意有限公司

初　　版｜二〇二四年十二月
定　　價｜新臺幣四五〇元

國家圖書館出版品預行編目（CIP）資料

夢遊答案書／詩生活作 . -- 初版 . -- 臺北市 : 一人出版社 , 2024.12
204 面 ; 12.8 × 18 公分　ISBN 978-626-95677-9-9(平裝)
1.CST: 自我肯定　2.CST: 自我實現
177.2　113017678